¿Cómo puedo ayudar?

Para eso están los amigos ™

AYUDAR A UN AMIGO CON UN PROBLEMA DE ALCOHOL

Jennifer Landau

ROSEN PUBLISHING
New York

Published in 2017 by The Rosen Publishing Group, Inc.
29 East 21st Street, New York, NY 10010

Primera edición

Library of Congress Cataloging-in-Publication Data

Names: Landau, Jennifer, 1961– author.
Alberto Jiménez: Traductor

Title: Ayudar a un amigo con un problema de drogas (Helping a friend with an alcohol problem) / Jennifer Landau.
Description: First edition. | New York : Rosen Publishing, 2017. | Series: How can I help? Friends helping friends | Includes bibliographical references and index.
Identifiers: ISBN 9781499466201 (library bound) | ISBN 9781499466188 (pbk.) | ISBN 9781499466195 (6-pack)
Subjects: LCSH: Teenagers—Alcohol use—Juvenile literature. | Alcoholism—Juvenile literature. | Alcoholism—Treatment—Juvenile literature.
Classification: LCC HV5135 .L356 2017 | DDC 362.2920835—dc23

Manufactured in China

CONTENIDO

INTRODUCCIÓN

En la adolescencia es probable verse expuesto al alcohol a través de la familia o los amigos, en casa o en las fiestas caseras. Según la encuesta de 2014 realizada por Substance Abuse and Mental Health Services Administration (SAMHSA), a los quince años de edad el 35% de los adolescentes han tomado al menos una copa, y a los dieciocho ese porcentaje se dispara hasta el 65%.

En 2014, 8.7 millones de jóvenes de entre doce y veinte años afirmaron haber bebido más de «unos cuantos tragos» en el mes anterior. Además, según la encuesta de SAMHSA, los jóvenes que empiezan a beber antes de los quince años tienen cinco veces más probabilidades de convertirse en dependientes del alcohol que aquellos que empiezan a partir de los veintiuno. Más alarmante aún es que muchos de esos jóvenes son alcohólicos de fin de semana, lo que se define como beber cuatro o más copas en dos horas si eres mujer y cinco o más copas en el mismo tiempo si eres hombre.

Cuando bebes demasiado, tus habilidades motoras, tu control muscular, tu percepción de la profundidad y tu agudeza visual disminuyen. También tus decisiones empeoran; por ejemplo, puedes adoptar comportamientos sexuales de riesgo, conducir bebido o viajar con un conductor que ha estado bebiendo. Puedes incluso arriesgar tu vida. Según Centers for Disease Control and Prevention (CDC), más de 4,300 jóvenes mueren anualmente a consecuencia de beber siendo menores. Esta cifra incluye accidentes de

Si tienes una amiga que bebe en exceso, puedes no saber muy bien cuál es el mejor modo de ayudarla con su problema de alcohol.

coche, homicidios, ahogamientos y suicidios. Un informe de la SAMHSA afirma que en 2010 hubo unas 189,000 visitas a urgencias por consumo de alcohol de menores de veintiún años.

Con el paso del tiempo el consumo excesivo de alcohol provoca daños cerebrales y corporales, mayor vulnerabilidad al cáncer, lesiones hepáticas y otros trastornos. Además es muy probable desarrollar una dependencia que precise tratamiento intensivo, tanto psicológico como médico. Por otra parte, beber antes de los veintiún años es ilegal en los cincuenta estados de EEUU, por lo que quienes beben se encontrarán con problemas legales. Está claro que el único modo de ahorrarse todo esto es no beber.

Quizá tú no bebas, pero te preocupe alguien que sí lo hace. Si crees que una amiga (o un amigo) bebe demasiado, es fácil que te alarmes, porque quieres ayudar y no sabes cómo. Un muy buen punto de partida es informarte sobre los efectos del alcohol en el cuerpo y en la mente. Al leer sobre el tema, descubrirás las posibles razones por las que la persona en cuestión bebe y los signos que manifiestan su problema. De este modo sabrás cómo influir en ella y cuidar de ti, algo que incluye hacer partícipes a otros de esta difícil situación. Además de los tratamientos, hay formas de involucrarse en la lucha contra el alcohol y otras drogas, por ejemplo, uniéndose a grupos como Students Against Destructive Decisions (SADD). Lo principal es que compruebes que hay esperanza tanto para tu amiga como para los que la quieren.

CAPÍTULO 1

EL DAÑO QUE CAUSA BEBER

Si alguien bebe demasiado, dices que está *borracho, mamado* o *curda. Ebrio* o *intoxicado* son términos más formales que describen el estado en que una persona encuentra difícil controlar su cuerpo y su mente. Lo de menos es la palabra que utilices: cuando bebes demasiado te pones en peligro y pones en peligro a otros.

En cualquier caso, ¿qué es el alcohol? El alcohol que se ingiere es una droga llamada *alcohol etílico*, obtenida mediante un proceso conocido por *fermentación*; esta produce un cambio químico en el que diversos microorganismos actúan sobre el azúcar y la fécula de productos como las frutas, los cereales o las patatas. Durante la misma, tales productos se mezclan con levadura, que disocia la glucosa para liberar dióxido de carbono y alcohol etílico. Hay otros tipos de alcohol, como el del quitaesmalte de uñas o el de los disolventes para pinturas, pero son tóxicos incluso en pequeñas cantidades y en ningún caso deben ingerirse.

ESTABLECER EL ESTÁNDAR

En Estados Unidos, una copa estándar contiene 0.6 onzas líquidas (18 mililitros) de alcohol puro. Ejemplos de bebidas estándar son una cerveza de 12 onzas (355 mililitros), de 8 a 9 onzas (237 a 266 mililitros) de licor de malta, 5 onzas (148 mililitros) de vino de mesa y 1.5 onzas líquidas (44 mililitros) de bebidas como la ginebra, el ron o el vodka. A modo de comparación, una lata de 16 onzas (473 mililitros) de licor de malta contiene dos copas y una botella de vino contiene cinco.

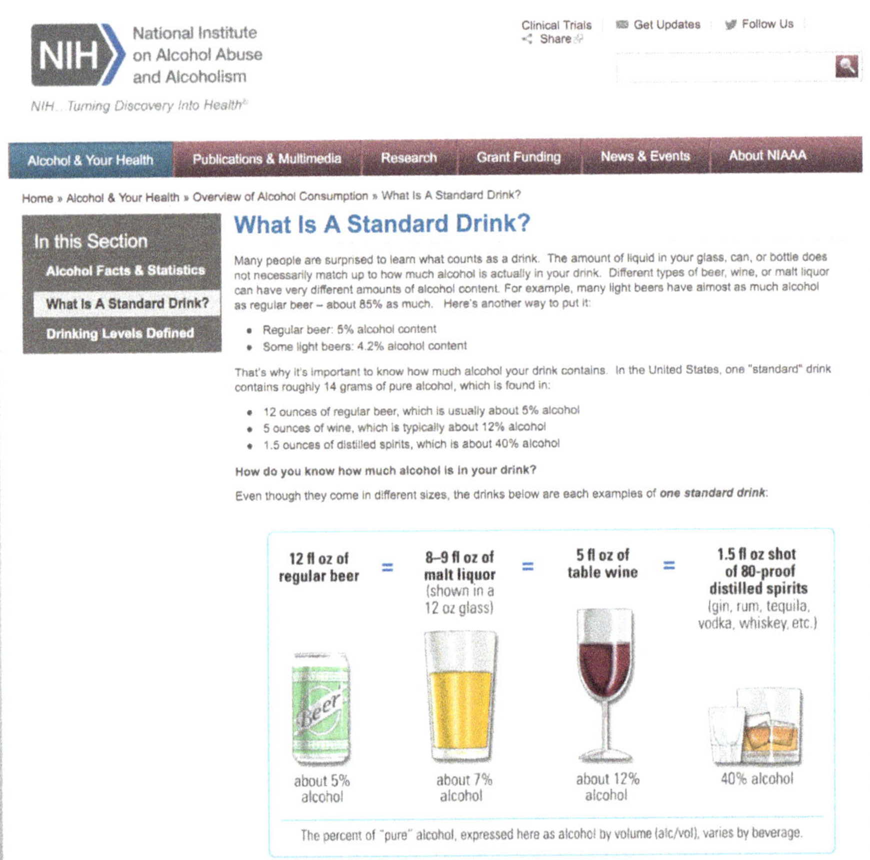

National Institute on Alcohol Abuse and Alcoholism

NIH...Turning Discovery Into Health®

Clinical Trials | Get Updates | Follow Us

Share

Alcohol & Your Health | Publications & Multimedia | Research | Grant Funding | News & Events | About NIAAA

Home » Alcohol & Your Health » Overview of Alcohol Consumption » What Is A Standard Drink?

In this Section
- Alcohol Facts & Statistics
- What Is A Standard Drink?
- Drinking Levels Defined

What Is A Standard Drink?

Many people are surprised to learn what counts as a drink. The amount of liquid in your glass, can, or bottle does not necessarily match up to how much alcohol is actually in your drink. Different types of beer, wine, or malt liquor can have very different amounts of alcohol content. For example, many light beers have almost as much alcohol as regular beer – about 85% as much. Here's another way to put it:

- Regular beer: 5% alcohol content
- Some light beers: 4.2% alcohol content

That's why it's important to know how much alcohol your drink contains. In the United States, one "standard" drink contains roughly 14 grams of pure alcohol, which is found in:

- 12 ounces of regular beer, which is usually about 5% alcohol
- 5 ounces of wine, which is typically about 12% alcohol
- 1.5 ounces of distilled spirits, which is about 40% alcohol

How do you know how much alcohol is in your drink?

Even though they come in different sizes, the drinks below are each examples of ***one standard drink***:

Según el National Institute on Alcohol Abuse and Alcoholism (https://www.niaa.nih.gov), en los Estados Unidos hay 14 gramos (0.50 onzas) de alcohol puro en una copa de tamaño estándar.

Entre los adolescentes que beben predomina el alcoholismo de fin de semana, es decir, la ingesta de muchas copas en poco tiempo. Incluso hay quienes practican el alcoholismo extremo de fin de semana, consistente en la ingesta de diez o más copas. Otra actividad peligrosa es la mezcla de alcohol con bebidas energéticas, que contienen gran cantidad de cafeína. Este «subidón» de cafeína provoca que te sientas menos alcoholizado de lo que estás, con lo cual tu consumo de alcohol puede aumentar aún más.

ADICCIÓN FÁCIL

Según CDC, los jóvenes usan el alcohol y abusan de él más que de cualquier otra droga. Se trata de un tóxico muy adictivo, por lo que es fácil desarrollar dependencia tanto física como psicológica. Cuando bebes, tu cerebro libera *dopamina* y *endorfinas*, sustancias químicas que dan placer y disminuyen el dolor. Estas buenas sensaciones te hacen beber cada vez más a fin de contentar a tu cerebro. Para los mayores de veintiún años que beben con moderación, el alcohol puede proporcionar cierta relajación o comodidad en acontecimientos sociales. No obstante, se trata de una droga de la que es fácil abusar, lo que implica adentrarse en la zona de riesgo.

El alcohol es una *droga psicoactiva*, es decir, que provoca cambios en el humor, el comportamiento y la consciencia. Se clasifica como *depresor* a un tipo de tóxico psicoactivo que interfiere con el funcionamiento del sistema nervioso central. Los mensajes que los receptores nerviosos envían al cerebro se bloquean, lo que disminuye la actividad

El cerebro del bebedor necesitará más y más alcohol con el paso del tiempo para volver a sentir el bienestar de las primeras copas.

cerebral. Cuando esta se reduce, afecta a todo, desde las percepciones al estado de ánimo y al movimiento. Sea cual sea su nombre, los depresores no deprimen al consumidor, al menos al principio. Cuando alguien bebe demasiado, con el tiempo, desarrolla síntomas de depresión, con o sin enfermedad mental subyacente.

SENTIR LOS EFECTOS

En cuanto empiezas a beber, tu cuerpo absorbe el alcohol y lo transporta al torrente sanguíneo, que lo lleva al cerebro, al hígado, al riñón y a otros órganos internos. El nivel de intoxicación dependerá de la cantidad de alcohol de tu sangre.

Una forma de saberlo es medir la tasa de alcohol en sangre (CAS, o BAC por sus siglas en inglés). Si tienes una CAS de 0.08, por ejemplo, tienes ocho partes de alcohol por cada mil partes de sangre. En Estados Unidos, una BAC de 0.08 define la condición legal de intoxicado. La CAS se calcula realizando un análisis de sangre o de orina, o mediante un instrumento llamado *alcoholímetro*, que mide la cantidad de alcohol presente en tu aliento.

El alcohol se metaboliza en el hígado, pero este solo puede destruir pequeñas cantidades de una vez, por lo que deja al resto circulando libremente por el cuerpo. Si eres un alcohólico de fin de semana, no hay forma de que tu cuerpo destruya el alcohol al ritmo que lo ingieres.

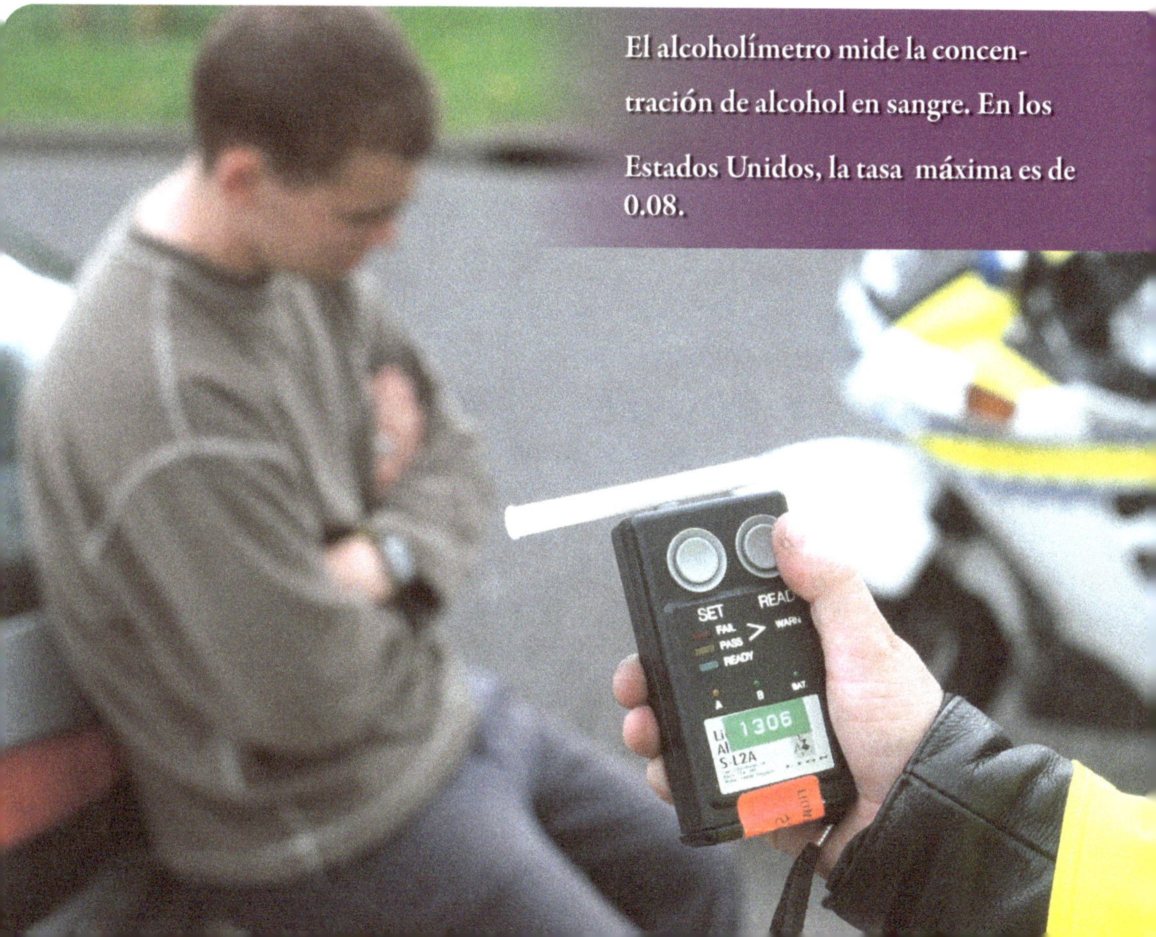

El alcoholímetro mide la concentración de alcohol en sangre. En los Estados Unidos, la tasa máxima es de 0.08.

Hay varios factores que influyen en la rapidez con que el alcohol afecta a una persona concreta, como el peso corporal, lo que ha comido y la velocidad a la que toma las copas. El cuerpo femenino procesa el alcohol de forma diferente al masculino y las mujeres suelen pesar menos, por lo que suelen emborracharse antes.

CONSECUENCIAS GRAVES

Si un amigo o amiga se emborracha, hablará de forma confusa, titubeará o dirá cosas ofensivas, a menudo en voz alta. Los bebedores tienden además a tomar muy malas decisiones. La bebida te desinhibe, provocando mayor sensibilidad ante cualquier comentario, lo que conlleva el riesgo de provocar peleas. Estas comienzan con sentimientos heridos y palabras duras pero pueden desembocar en violencia física. Los adolescentes que beben suelen adoptar comportamientos sexuales de riesgo, como practicar sexo sin protección o con múltiples parejas. También aumenta la probabilidad de conducir bebido o compartir el coche con un conductor intoxicado.

Las adolescentes corren aún mayores riesgos. La práctica de sexo sin protección no solo conduce a embarazos no deseados: según el National Institute on Alcohol Abuse and Alcoholism (NIAAA), 97,000 alumnos de entre dieciocho y veinticuatro años son víctimas de agresiones sexuales relacionadas con el alcohol. Aunque la mayoría de estas víctimas son mujeres, también hay casos en que el agredido es un joven. El riesgo de agresión aumenta cuando víctima y agresor han estado bebiendo.

Beber alcohol antes de la mayoría de edad causa también problemas legales. Cada estado tiene sus propias leyes, pero si alguien de menos de veintiún años es descubierto bebiendo, será detenido y obligado a entrar en un programa de tratamiento contra el alcohol.

Si te pillan comprando alcohol con un carné de identidad falso, te condenarán a una pena de cárcel o a pagar una multa considerable. Acabarás con antecedentes penales en tu expediente escolar, lo que acarrea dificultades a la hora de encontrar trabajo o de ser admitido en una universidad. Conducir bebido dejará una mancha en tu expediente e implicará la retirada del permiso de conducir, multas y asistencia obligatoria a clases sobre conductores, drogas y alcohol, así como realización de servicios comunitarios.

Si padres o tutores son descubiertos permitiendo a menores beber en su propiedad, tendrán que enfrentarse a una denuncia. Además, comprar alcohol para un menor de veintiún años es ilegal en los cincuenta estados.

TU CEREBRO SOMETIDO AL ALCOHOL

El cerebro de un adolescente no está totalmente desarrollado. Se cree que el desarrollo cerebral se completa entre los veinticinco y los treinta y pocos años. El hecho de que el cerebro esté madurando significa que el adolescente tiene problemas con ciertas funciones neurológicas. Encuentra difícil tomar decisiones bien fundamentadas, por ejemplo, o prever las consecuencias que tendrán en el futuro. Estos déficits neurológicos provocan asimismo malas decisiones en cuanto al consumo de alcohol.

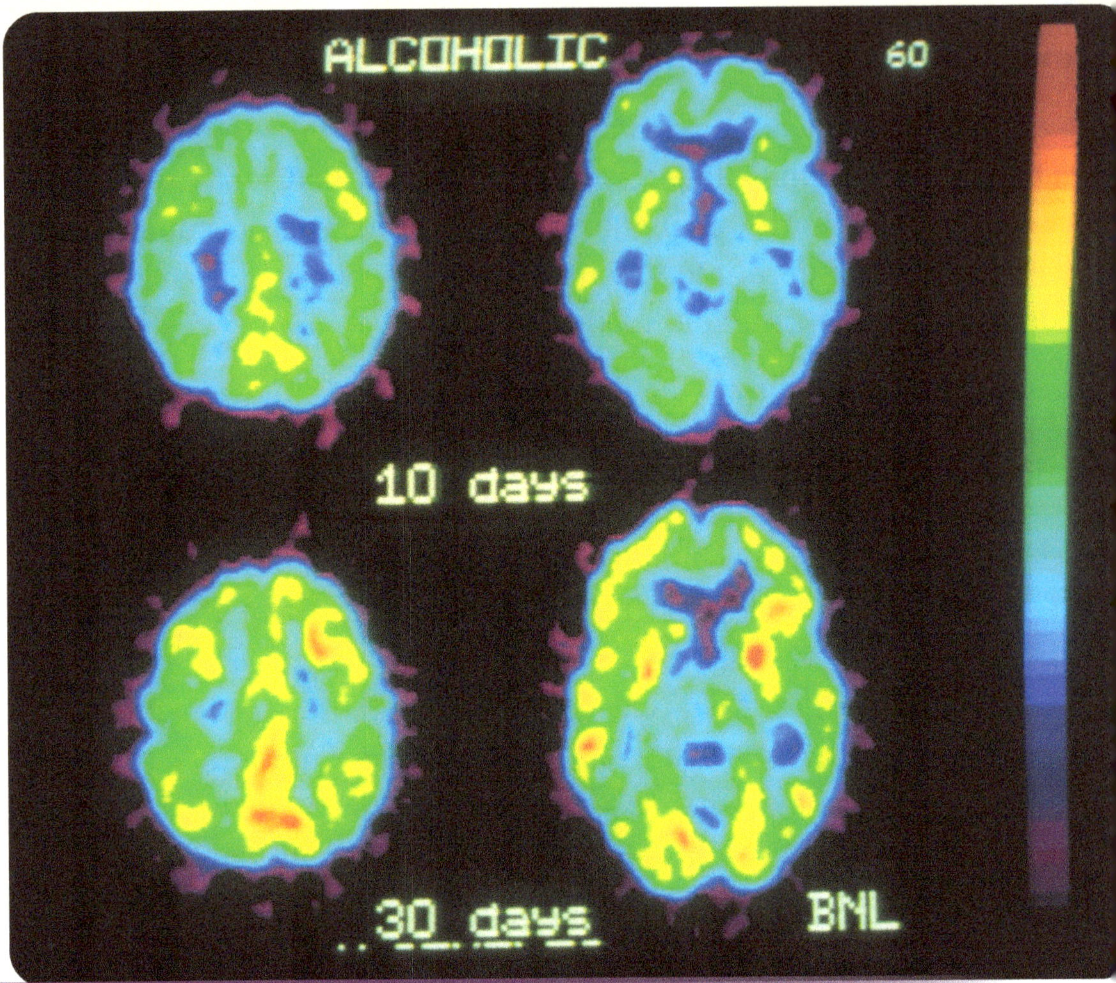

En este escáner cerebral vemos el incremento de la actividad cerebral —en amarillo— en quien lleva 30 días sin alcohol (*abajo*) respecto de alguien que solo lleva diez días sin beber (*arriba*).

Tanto el alcoholismo de fin de semana como el crónico son peligrosos porque impiden que ciertas áreas cerebrales se desarrollen debidamente. El alcohol afecta al hipocampo, la parte del cerebro que regula la memoria de trabajo y el aprendizaje, provocando que olvides lo que acabas de aprender, como una dirección o un número de teléfono, o dando lugar a «lagunas mentales», olvidos de períodos más o menos largos, por ejemplo, lo que has hecho la noche anterior.

También perjudica al córtex prefrontal, responsable de planear con antelación y juzgar debidamente, y al cerebelo, que controla, entre otras cosas, la coordinación motora.

En 2010, la neurocientífica Susan Tapert llevó a cabo un estudio para comparar el escáner cerebral de adolescentes que beben en exceso con el de quienes no beben. Tapert descubrió que los primeros tienen dañado el tejido nervioso, o materia blanca, del cerebro. «Presentan pequeñas "abolladuras" en la materia blanca, indicativas de mala calidad», dijo en la National Public Radio. Los alcohólicos de fin de semana dieron también peores resultados en las pruebas de memoria y pensamiento.

INTOXICACIÓN ETÍLICA

Beber demasiado en poco tiempo puede originar una intoxicación que requiera el ingreso en urgencias. La ingesta excesiva de alcohol perjudica la respiración, la temperatura corporal, el ritmo cardíaco y el nivel de glucosa en sangre. Irrita tanto el estómago que provoca vómitos, particularmente peligrosos porque el alcohol suprime el reflejo faríngeo, o nauseoso, que impide el atragantamiento. No es fácil imaginarse a un amigo o amiga en esta situación tan grave, pero es necesario que conozcas los síntomas de intoxicación etílica. Estos incluyen confusión mental, vómitos, convulsiones, bajada de la temperatura corporal, piel pálida o azulada y pérdida del conocimiento.

No creas que tu amigo o amiga puede simplemente «dormirla». Es cierto que el paso del tiempo disminuye los efectos del alcohol, pero si sospechas que sufre

RESACAS

La resaca duele. Cuando la sufres, te estalla la cabeza, sientes náuseas, debilidad y mareos. Sudas mucho y tienes sed. La resaca se presenta cuando has bebido demasiado. Por regla general, cuanto más bebas, más graves serán los síntomas. Aunque no hay forma de saber qué cantidad de copas te provocarán resaca, hay ciertos factores que aumentan la probabilidad de sufrirla o de agravarla. Entre ellos se encuentran:

- Mezclar alcohol con otras drogas.
- Beber con el estómago vacío.
- Dormir mal después de haber bebido.
- Beber alcohol de color oscuro, ya que este contiene una sustancia química que favorece las resacas.

Lo peor de la resaca se presenta cuando la concentración de alcohol en sangre vuelve a cero. Una vez que empieza, puede durar hasta veinticuatro horas. No tiene otra cura que el paso del tiempo, pero conviene beber agua para evitar la deshidratación y tomar algún analgésico de venta sin receta para el dolor de cabeza. Por supuesto, la mejor forma de ahorrársela es no beber.

una intoxicación etílica no pierdas ni un segundo. Sin tratamiento, la intoxicación puede ser causa de un coma o incluso de muerte. Siempre es preferible prevenir, así que si crees que corre peligro, llama al 911. Hazle compañía y, si está consciente, que se ponga en pie; si necesita tumbarse, que se ponga de lado para evitar que se asfixie con su propio vómito.

DAÑOS CORPORALES

A largo plazo, beber en exceso provoca gran cantidad de problemas de salud, hay riesgo de sufrir trastornos cardíacos, pancreatitis (inflamación del páncreas) y varios tipos de cáncer: de boca, garganta, laringe, esófago o hígado. Este es particularmente delicado, ya que es el órgano que descompone

Las fases de la enfermedad hepática en el alcoholismo. El alcohol daña las células de tu hígado, que van siendo reemplazadas por tejido de cicatriz sin ninguna capacidad funcional.

el alcohol. Al romperse, el alcohol libera toxinas que dañan las células hepáticas. Con el tiempo, el tejido cicatricial se acumula y cuando ocupa la mayor parte del hígado provoca una enfermedad llamada *cirrosis*, cuyos síntomas incluyen: fatiga, confusión, náuseas, pérdida de apetito, facilidad para sangrar o hacerse cardenales. Se trata de una enfermedad incurable, pero puedes evitar que empeore dejando de beber. Si la acumulación de tejido cicatricial es excesiva, se precisa un trasplante de hígado.

El alcohol también perjudica el desarrollo del feto. No se ha establecido un nivel de consumo «seguro» durante el embarazo pero sí se sabe que el consumo excesivo provoca en el bebé el llamado *síndrome de alcoholismo fetal* (SAF). Los bebés que nacen con SAF suelen tener rasgos faciales anormales y cabezas pequeñas, así como afecciones en el corazón y el sistema nervioso central. Los últimos provocan déficits cognitivos y trastornos de atención. Como beber mucho facilita las relaciones sexuales sin protección y los embarazos no deseados, en los que se pone al bebé en peligro si se sigue bebiendo, se trata de un problema realmente grave.

CAPÍTULO 2

FUERTES INFLUENCIAS

La adolescencia es un período de grandes cambios. El cuerpo adolescente está creciendo y desarrollándose; los adolescentes tienen más deberes escolares y otras responsabilidades, disocia como conducir o acudir a un trabajo después de clase. Además, ansían la independencia y pasan menos tiempo con los padres y más tiempo solos o con amigos. La necesidad de aventura es acuciante y las emociones, intensas. En esta época buscan una identidad propia, separada de la familia, para dar rienda suelta a sus intereses románticos y sexuales. Esta transición a la edad adulta forma parte de la vida, pero el estrés que conlleva favorece el consumo de alcohol.

MUCHAS RAZONES

Hay muchas razones por las que un adolescente puede beber. Al principio, porque parece que el alcohol facilita la diversión, ir de fiesta con los amigos o simplemente escapar de la rutina. Aunque también puede refugiarse en el alcohol para sobrellevar una situación difícil, como

Ciertos adolescentes beben para enfrentarse a la depresión o a la ansiedad; aunque el alcohol alivia durante una breve fase, la bebida puede conducir al alcoholismo.

el divorcio de sus padres o una ruptura dolorosa.

Para algunos, el factor desencadenante es el aburrimiento. Los adolescentes que lo pasan mal estando solos y sienten necesidad de emociones fuertes son los candidatos perfectos para el abuso de esta sustancia. Un estudio de 2013 realizado por investigadores de la Universidad Carnegie Mellon y la de Pittsburgh puso de manifiesto que los adolescentes que beben solos son más propensos a utilizar el alcohol para enfrentarse a sus emociones negativas.

El deseo de rebelarse contra lo que tus padres esperan de ti y de actuar como un adulto —y como tus colegas— también aumenta las posibilidades de beber. Si existe una enfermedad mental subyacente, como la depresión o la ansiedad, automedicarse con alcohol anula estas sensaciones desagradables durante un corto periodo de tiempo. Según la

National Alliance on Mental Illness (NAMI), alrededor de un tercio de las personas que sufren una enfermedad mental —y la mitad de los afectados por las enfermedades mentales más graves— también abusan del alcohol, por lo que este segmento de población requiere una atención especial.

EL PODER DE LOS PARES

Quizá te hayas encontrado alguna vez con que tus colegas te empujan a hacer algo que para ti está mal, como saltarte una clase o hacer trampas en un test. Esta situación, que se conoce como *presión de los pares*, puede resultar positiva (por ejemplo, si te animan a practicar un deporte) o negativa. En lo referente a beber, una persona puede tratar de persuadir a otra diciéndole cosas como «Si no pasa nada» o «No seas aguafiestas». En este caso es difícil resistirse, porque sientes que te pueden rechazar o burlarse de ti. Tú no quieres herir los sentimientos de nadie, y es posible que no sepas cómo librar a un amigo o a ti mismo de esa coacción.

Cuando te resulte difícil enfrentarte a la presión de los pares, puedes decir cosas que te eviten beber. Recuerda a tus amigos que conduces y que no quieres tener un accidente. Diles que tus padres se pondrían como locos si supieran que has bebido o que tu entrenador te apartaría del equipo. Otra posibilidad es contarles que has decidido no beber y que necesitas su apoyo. Si son verdaderos amigos, te lo darán.

LA GUÍA DE LOS PADRES

Aunque a veces parezca que los adolescentes y sus padres

MOTHERS AGAINST DRUNK DRIVING (MADD)

En 1980 la californiana Candace Lightner, cuya hija fue asesinada por un conductor borracho, fundó Mothers Against Drunk Driving (MADD). La misión de MADD, según su sitio web, es acabar con la conducción bajo los efectos del alcohol y otras drogas, apoyar a los afectados por tal conducta e impedir que los menores consuman alcohol. Su campaña para prohibir la conducción etílica tiene tres objetivos:

1. Apoyar a las fuerzas del orden que trabajan para acabar con la conducción etílica.
2. Exigir que los conductores borrachos lleven algún tipo de alcoholímetro en el coche que impida que lo arranquen cuando estén ebrios.
3. Abogar por una nueva tecnología que determine automáticamente la concentración de alcohol en sangre del conductor (CAS) antes de que este intente arrancar el auto, e impida que el auto arranque si la CAS supera el límite legal de 0.08.

MADD cuenta con muchos recursos para quienes combaten el consumo de alcohol en menores, como parte de sus campañas Power of You(th) y Power of

Parents. Entre tales recursos hay manuales para padres, educadores, líderes comunitarios y adolescentes. El último proporciona hechos sobre el daño que el alcohol hace al cuerpo, al cerebro y a la reputación, y anima a hablar abiertamente del tema con los progenitores. Hay también una sección dedicada a cómo ayudar a un amigo cuya forma de beber te inquieta y que incluye consejos sobre cómo transmitirle tu preocupación.

tienen muy poco en común, los progenitores ejercen gran influencia en el consumo de alcohol de sus hijos. Por ejemplo, los investigadores del National Center on Addiction and Substance Abuse de la Universidad de Columbia (CASA) descubrieron que el 29% de los adolescentes pasaba la noche en casa sin supervisión, y que en estos se duplicaba el riesgo de consumir alcohol respecto de aquellos que no la pasaban solos. Además, establecieron que los adolescentes que decían que sus padres no tenían problemas con que estos jóvenes bebieran, eran diez veces más propensos a afirmar que estaba bien que los chicos de su edad se emborracharan.

La forma de actuar de los padres también importa. Si la primera cosa que el padre o la madre de un adolescente hace tras acabar un largo día de trabajo es ponerse un whisky o abrirse una cerveza, envía el mensaje de que beber es bueno para relajarse y premiarse. Quizá en las comidas se sirva siempre vino y los niños hayan tomado un sorbito de vez en cuando. Esta actitud permisiva dejará una huella duradera cuando crezcan y deban enfrentarse a la elección

Si el padre o la madre beben para defenderse del estrés, los hijos tal vez reciban el mensaje de que el alcohol es un buen modo de enfrentarse a las dificultades de la vida.

de tomar o no alcohol.

Los padres también pueden influir de forma positiva. Cenar con los hijos, ayudarles con los deberes o, en resumen, pasar tiempo con ellos les fortalecerá para mantenerse apartados del alcohol. Una serie de estudios de CASA demostraron que los adolescentes que no cenan en familia de cinco a siete veces por semana son dos veces más propensos a consumir alcohol.

LOS MENSAJES DE LOS MEDIOS

Cuando los Broncos de Denver ganaron la Super Bowl 50 el 7 de febrero de 2016, el *quarterback* Peyton Manning dijo a un periodista del *CBS Sports* que iba a beber un montón de cervezas Budweiser para celebrar la victoria. Esta equiparación entre cerveza y buenos momentos envía un mensaje potente, sobre todo para quienes son jóvenes e impresionables. Los jóvenes se ven también expuestos a muchos anuncios de alcohol, ya que los fabricantes gastan miles de millones de dólares en publicidad, tanto en televisión como en otros medios.

Esta propaganda en favor del alcohol surte efecto. Un estudio de 2013 realizado en la School of Community and Global Health de Claremont College demostraba que los alumnos de séptimo curso a quienes les gustaban los anuncios de televisión eran más propensos a tener problemas con el alcohol, sobre todo los varones.

Los medios sociales tienen asimismo un gran impacto en la adolescencia. Según un estudio de CASA realizado en 2012, el 75% de los adolescentes de entre doce y diecisiete años que veían fotos de chicos de su misma edad consumiendo alcohol o marihuana en los sitios de los medios sociales querían «pasárselo igual». Además, comparados con quienes nunca habían visto fotos de alguien borracho, drogado o consumiendo drogas en los medios sociales, tenían tres veces más probabilidades de haber tomado alcohol.

PROBLEMAS CON LA BEBIDA

Por *uso de alcohol* se entiende consumirlo ocasionalmente y sin excederse. Si la forma de beber de alguien tiene un efecto negativo sobre su vida, se dice que padece un *trastorno por consumo de alcohol* (TCA). El *Diagnostic and Statistical*

Si una chica abusa del alcohol, dejará de importarle su aspecto o cómo la perciben los demás. Cómo conseguir la próxima copa puede volverse más importante que su reputación.

Manual, 5ª edition (*DSM-5*), que clasifica los trastornos mentales, enumera los síntomas del TCA. Los síntomas determinarán si su trastorno es leve, moderado o grave.

Hay una serie de preguntas que psiquiatras, psicólogos o médicos especialistas en adicciones preguntan al paciente para determinar si padece TCA. El *DSM-5* tiene una prueba que usan muchos de estos profesionales, aunque el test de identificación de problemas con el alcohol (*Alcohol Use Disorders Identification Test*, AUDIT) es otra herramienta de uso común. Estos cuestionarios abarcan diversos temas, como el tiempo que se pasa bebiendo, si el hecho de beber ha sido motivo de conflictos en casa o en el trabajo, si se ha intentado dejarlo y si la forma de beber provoca sentimientos de culpa.

Si un amigo tuyo abusa del alcohol, actuará de forma diferente. Sacará malas notas o dejará de ir a clase, tendrá un grupo de amigos distinto o se aislará. Su aspecto cambiará, ya que ahora le da igual resultar atrayente o no. La falta de interés y la pérdida de energía son advertencias de un problema con la bebida.

UNA ENFERMEDAD TEMIBLE

Los bebedores empedernidos desarrollan una dependencia

Un adolescente que abusa del alcohol sigue bebiendo aunque se enferme. Su anhelo del tóxico supera cualquier deseo de dejar de consumirlo.

física del alcohol que la gente identifica como alcoholismo. Quienes sufren un trastorno por consumo de alcohol grave están ansiosos por beber y son incapaces de dejarlo, así como de disminuir la ingesta. Siguen bebiendo aunque les siente mal y estén destruyendo sus vidas. No pueden dejar de hacerlo porque su necesidad de beber es tan fuerte como la necesidad de beber agua en quienes sufren sed. Son adictos.

El alcoholismo es una enfermedad crónica que puede presentarse a cualquier edad, aunque según el National Institute on Alcohol Abuse and Alcoholism (NIAAA), los adolescentes que empiezan a beber antes de los quince años son cuatro veces más propensos a desarrollar una dependencia. Los hijos de alcohólicos tienen cuatro veces más posibilidades de tener problemas con el alcohol; esta vulnerabilidad es en parte genética y en parte consecuencia de la actitud de los padres. Los que padecen una enfermedad mental o sufrieron agresiones durante la infancia también están expuestos a un mayor riesgo de sufrir un trastorno por consumo de alcohol.

MITO Y HECHO

MITO: Si solo tomas una o dos copas puedes conducir.

HECHO: Incluso una o dos copas te impedirán la conducción segura. Conducir «achispado» es conducir borracho.

MITO: Es mejor beber que tomar drogas.

HECHO: El alcohol es una droga, una droga que puede causar grandes daños a tu cerebro y tu cuerpo.

MITO: Es más seguro beber cerveza que vino o licor.

HECHO: Una lata de cerveza contiene tanto alcohol como un vaso de vino o un chupito de licor, así que no es más seguro.

CAPÍTULO 3

UN AMIGO CON PROBLEMAS

Si crees que un amigo tiene un problema con el alcohol, te preguntarás si debes inmiscuirte. Quizá pienses que no es asunto tuyo, pero si tu amigo se atragantara y tú conocieras la maniobra de Heimlich, se la aplicarías, ¿no? Aunque no pudieras prestarle ayuda tú mismo, buscarías a alguien que sí pudiera. Frente a un trastorno por consumo de alcohol hay que actuar con la misma rapidez. Tu amigo puede conducir bebido y tener un accidente o verse involucrado en algún asunto sexual que le provoque daños físicos y emocionales. El alcoholismo de fin de semana puede causarle una intoxicación etílica.

Si te preocupa enfrentarte a ello tú solo, llevas razón: nunca debes cargar sobre tus hombros el problema de tu amigo. Puedes contarle tus inquietudes y ofrecerle apoyo y consejo, pero será necesaria la intervención de profesionales que le ayuden a ocuparse de sus asuntos. Tú también necesitarás apoyo. Búscalo en tus padres, tu orientador escolar, u otro adulto en quien confíes. Si temes causarle problemas a tu amigo, aplícate este consejo del Manual para adolescentes de MADD: «No te preocupe causarle problemas:

Si hablas con un amigo que tiene este problema, céntrate en su conducta, no en su carácter. Concreta tus preocupaciones, y hazle saber que estás ahí para ayudar.

ya los tiene».

EMPEZAR LA CONVERSACIÓN

Cuando estés preparada para hablar con tu amiga de su problema con el alcohol, hay ciertas cosas que debes tener presente. Es importante que tu amiga esté sobria cuando hables con ella y que las dos estén en un sitio tranquilo donde no te interrumpan.

Durante la conversación sé lo más precisa que puedas. No te limites a decir «Bebes demasiado», sino algo parecido a «La otra noche te tomaste un montón de cervezas. Pensaba que te ibas a poner mala». Las frases que empiezan por «yo» son menos amenazadoras que las que empiezan por «tú», ya que estas pueden dar la impresión de que le echas la culpa. Siguiendo la misma línea, asegúrate de que estás cuestionando su conmducta, no su carácter. Puedes decirle que te afecta mucho verla actuar de forma peligrosa, pero no se te ocurra llamarla *perdedora* ni decirle que lo único que necesita es «esforzarse un poco».

Háblale también de sus posibles razones para beber. Decirle «Sé que últimamente estás pasándolo mal por el divorcio de tus padres» o «Sé que tu ruptura te ha afectado mucho» es una gran forma de demostrar que entiendes por lo que está pasando y que estarás a su lado para apoyarla.

BUSCAR ASESORAMIENTO

Si tu amigo admite su problema y está deseando encontrar ayuda, puedes acompañarle a hablar con un adulto de confianza. Quizá les resulte más fácil hablar con un profesor o un orientador escolar pero ten en cuenta que el profesor o el orientador se pondrá en contacto con los padres para involucrarles en conversaciones futuras. Quizá supongas que ellos son conscientes del problema, pero ellos pueden negar lo que a ti te parece obvio. Acompañar a tu amigo cuando hable con sus padres es otra gran forma de apoyarle. Es muy probable que la conversación sea dura pero, si quiere enfrentarse a su problema, sus padres deben participar en el proceso. El siguiente mejor paso es acudir a un médico especializado en adicciones. Este le preguntará si conduce después de beber o comparte el coche con un conductor bebido. Querrá averiguar si utiliza el alcohol para relajarse, si bebe solo y si tiene lapsos de memoria después de beber.

Si tu amigo está dispuesto a recibir ayuda por su problema de abuso de alcohol, es importante que sus padres participen en todas las fases del proceso terapéutico.

Si no dispone de un médico especializado en adicciones, un pediatra o un especialista en medicina adolescente le dirigirá hacia la ayuda que precisa. Una buena forma de empezar es llamando a la línea nacional de apoyo de Substance Abuse and Mental Health Service's Administration (SAMHSA): 1-800-662-HELP. El localizador de tratamientos de SAMHSA (www.findtreatment.samhsa.gov) le ayudará a encontrar los cuidados que necesita.

Un apoyo popular para quienes sufren un trastorno por consumo de alcohol es Alcohólicos Anónimos (AA), que celebra reuniones para ayudar a quienes quieren superar su adicción. Puedes acompañarle si le da miedo ir solo. También hay reuniones de Alateen, que van dirigidas a los amigos o familiares de adolescentes que luchan contra su adicción.

MALA RESPUESTA

¿Qué haces si tu amiga no quiere buscar ayuda? Como has sacado a relucir un tema delicado, es posible que no responda de forma positiva. Puede negar que algo vaya mal

ALATEEN

Alateen es un grupo de apoyo y compañerismo para adolescentes cuyas vidas se han visto afectadas por un amigo o un familiar con un problema de alcohol. En sus reuniones los miembros del grupo cuentan sus experiencias, ya que estas pueden servir de ayuda a otro adolescente para tratar con el adicto. Alateen, que forma parte de los Grupos de familia Al-Anon, insiste en el hecho de que el alcoholismo es una enfermedad. Recuerda a sus miembros que ellos no son culpables de que alguien beba, porque nadie puede controlar los actos de otro. Uno de sus objetivos es que el amigo o familiar mantenga unos límites estrictos con el adicto para evitar que se sienta abrumado emocionalmente. El sitio web de Al-Anon/Alateen ofrece testimonios en primera persona de adolescentes que lidian con el problema de alcohol de otro, así como una sala de chat en línea para jóvenes que se enfrentan a estos problemas..

o decirte que no te metas en sus asuntos. Puede enfadarse o marcharse. Aunque este resultado te disguste, no debes echarle la culpa ni echártela a ti. Al menos le has demostrado que eres consciente del problema y que te preocupas por ella.

Quizá sientas la necesidad de establecer límites. Dile que no piensas ir con ella cuando bebe ni disculparla ante amigos comunes o familiares, y que tampoco le darás los apuntes cuando se salta las clases porque tiene resaca. No tomas estas medidas para castigarla, sino para protegerte y para hacerle saber que te tomas el tema del alcohol en serio.

Después de que hayas hablado con ella, busca a un adulto con el que puedas comentar tus sentimientos sobre el problema de tu amiga. Él te ayudará a sobrellevar el miedo,

Tu amigo puede enojarse o ponerse a la defensiva cuando le hables de su problema. Aunque su respuesta podría herirte, al menos has puesto de manifiesto que te preocupas por él.

la confusión, la rabia y otras emociones que la situación te provoca. Si hablas con tus padres, no esperes que mantengan en secreto lo que les cuentes. El bienestar de tu amiga —incluso su vida— está en peligro y es muy probable que tus padres se sientan obligados a contárselo a los suyos.

SENTAR LAS BASES

Si la persona en cuestión sigue negándose a recibir ayuda, la familia, los amigos y otros seres queridos deben llevar a cabo lo que se conoce como *intervención*. Durante la intervención, las personas que son importantes para él expondrán la preocupación que sienten por su forma de beber y lo mucho que les afectan sus acciones. También pueden leer cartas que hayan escrito para detallar las maneras en que el comportamiento del adicto repercute en su relación. Estas cartas —y cada parte de la intervención— deben recalcar que a tu amigo se le quiere y que nadie le culpa por su trastorno. Las cartas de impacto suelen acabar dando detalles sobre los programas de tratamiento disponibles, por lo que el grupo debe investigar con antelación y tener todas las fuentes de información a mano.

Es necesario que en la intervención participe un terapeuta capacitado o especializado en abuso de sustancias. Este dirigirá la reunión y evitará que los ánimos se ca-

Durante una intervención, los amigos y los familiares de la persona con el problema de alcohol le explican el impacto negativo que este ha tenido en sus vidas.

lienten, porque sin duda las emociones estarán a flor de piel. La ira no tiene cabida en una intervención, ya que haría que la persona adicta se resistiera aún más a cambiar.

No te sientas obligado a formar parte de la intervención: es un proceso intenso, y tú y tus padres pueden decidir que es preferible que te mantengas al margen. Si a pesar de todo decides participar, ten en cuenta que no serás responsable del resultado. El amigo o amiga puede seguir negándose a recibir ayuda, y son sus padres quienes deben decidir el siguiente paso. En muchos estados es legal que los padres pongan en tratamiento a su hijo sin necesidad de su consentimiento cuando este es menor de dieciocho años. Por supuesto, lo que se espera es que lo haga voluntariamente, ya que esto sería mucho menos traumático para todos.

CUIDADOS

Es muy estresante enfrentarse a alguien con un problema de alcohol. Aunque es estupendo que apuestes por la amistad, no olvides que tú también debes cuidarte. Es importante que sigas hablando con un terapeuta, un orientador escolar u otro adulto en quien confíes sobre lo que sientes sobre la adicción de la persona que se trate. Llevar un diario te vendrá bien, porque escribir acerca de tu experiencia te ayudará a liberarte de los sentimientos negativos que estás reprimiendo.

Procura hacer ejercicio, ya sea en equipo o por tu cuenta, pues la actividad física hará que muchas tensiones desaparezcan. Comer bien es fundamental para tu salud, así que cambia la comida basura por frutas, verduras y proteínas. Teniendo en cuenta que una noche de sueño hará maravillas por tu estado de ánimo y tu energía, intenta dormir de ocho a nueve horas.

También es conveniente que eches un vistazo a tus hábitos con la bebida. Si hay suerte, no beberás nada, pero si lo haces y quieres beber menos —o, aún mejor, dejarlo—, hay remedios a tu alcance. Si te descubres pensando en beber, busca una nueva actividad que mantenga ocupados tu cuerpo y tu mente. Únete a un club o prueba un deporte que siempre te haya interesado. Evita lo que Rethinking Drinking (que en español significa 'repensando en beber') de NIAAA considera como «disparadores», es decir, situaciones o personas que te empujen a beber. Cuando seas incapaz de evitarlos, recuerda las razones por las que quieres dejar la bebida o habla con alguien en quien confíes. Al saber que puedes superar la ansiedad, te sentirás mucho más fuerte.

DIEZ GRANDES PREGUNTAS PARA HACERLE A TU ORIENTADOR ESCOLAR

1. ¿CÓMO COMPRUEBO QUE MI AMIGO O AMIGA TIENE UN PROBLEMA CON EL ALCOHOL?
2. ¿CÓMO LE AYUDO SIN CAUSARLE PROBLEMAS?
3. ¿QUÉ HAGO CUANDO ME PIDE QUE LE CUBRA PORQUE ESTÁ DEMASIADO COLGADO PARA IR A CLASE?
4. SI PARECE DEPRIMIDO, ¿TIENE QUE VER CON LA BEBIDA?
5. ¿DEBERÍA CONTARLE A SUS PADRES SU PROBLEMA CON EL ALCOHOL ANTES DE HABLAR CON ÉL?
6. ¿QUÉ HAGO SI NIEGA QUE TIENE UN PROBLEMA CON EL ALCOHOL?
7. ¿CÓMO PUEDO EVITAR QUE SU PROBLEMA ME AFECTE?
8. ¿CUÁL ES EL MEJOR TRATAMIENTO PARA UN TRASTORNO POR CONSUMO DE ALCOHOL?
9. ¿CÓMO PUEDO APOYARLE DURANTE SU RECUPERACIÓN?
10. ¿PUEDE LA GENTE CON TRASTORNOS POR CONSUMO DE ALCOHOL BEBER DE NUEVO ALGUNA VEZ?

CAPÍTULO 4

EL MEJOR TRATAMIENTO

Cuando tu amiga o amigo esté preparado para empezar el tratamiento, dispondrá de varias opciones en función de sus necesidades. Aunque la idea de enfrentarse a su problema la abrume, a la mayoría de la gente le va bien algún tipo de tratamiento. Según NIAAA, más o menos un tercio de las personas que se tratan se libran de los síntomas en el trascurso de un año. Otras muchas limitan su consumo de alcohol hasta el punto de que los problemas relacionados con su TCA se minimizan.

Hay que tener en cuenta que cada caso es diferente. Según el National Institute on Drug Abuse, un tratamiento requiere ciertos pasos clave para tener éxito. Entre ellos se encuentran:

- Desintoxicación.
- Orientación conductual.
- Medicamentos.
- Evaluación y tratamiento de enfermedades mentales.
- Seguimiento a largo plazo para evitar la vuelta al consume de alcohol, lo que se llama *recaída*.

Recuperarse de un problema con el alcohol requiere un gran esfuerzo, y no se trata de un camino fácil. Ayudarás a tu amiga siendo su consejera y haciéndole saber que la apoyarás en todo lo necesario para que recupere la salud.

EL BUEN CAMINO

Si alguien lleva bebiendo mucho durante semanas, meses o años, su sistema nervioso se acostumbra a ser «alimentado» con alcohol. Cuando este se suprime, como David Sheff dice en *Clean: Overcoming Addiction and Ending America's Greatest Tragedy*, «las células mueren y las neuronas fracasan», lo que origina síntomas como ansiedad, náuseas, convulsiones e incluso alucinaciones. En

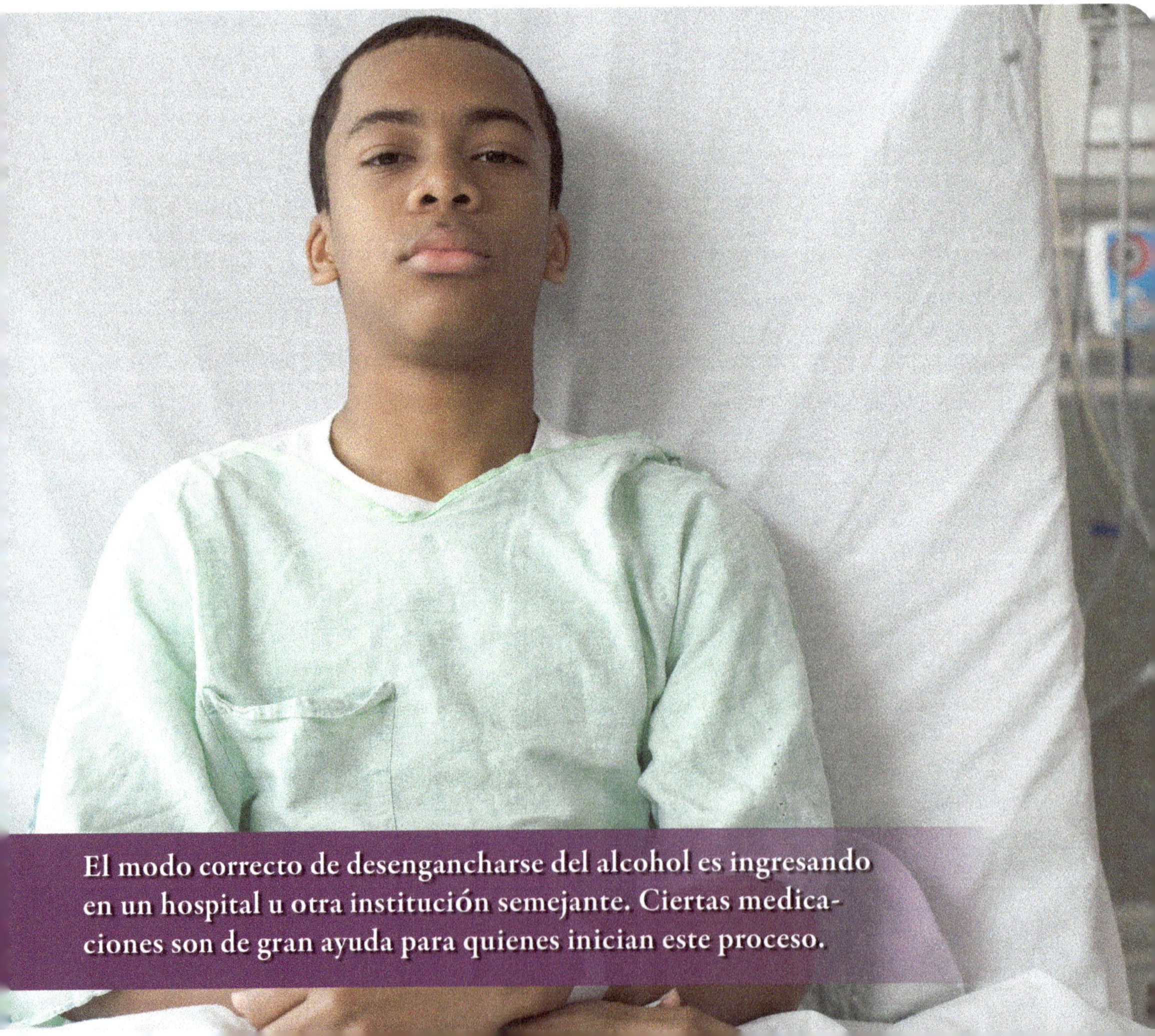

El modo correcto de desengancharse del alcohol es ingresando en un hospital u otra institución semejante. Ciertas medicaciones son de gran ayuda para quienes inician este proceso.

grandes bebedores desde largo tiempo, la supresión del alcohol resulta en *delirium tremens* (DT), cuyos síntomas son temblores, sudoración, latido cardiaco irregular y confusión mental grave. El hecho de que en inglés lo llamen *the horrors* da idea de lo difícil que es soportarlo.

La *desintoxicación* es el proceso mediante el cual una persona con TCA libra a su cuerpo del alcohol. Si se precisa, no debe hacerse a solas. La recomendación de que alguien debe apretar los dientes y enfrentarse a ella sin ayuda médica no solo es errónea, sino potencialmente peligrosa. David Sheff cree que esta actitud proviene de la idea de que aquellos con problemas de alcohol deben ser castigados por comportarse mal en vez de ser tratados como enfermos.

La desintoxicación médica, que suele llevarse a cabo en un hospital u otro centro de salud, empieza con un examen médico y la historia del paciente. También se realizan análisis para confirmar la presencia de alcohol en su sistema y ver si ha tomado otras drogas.

Los medicamentos forman parte de la desintoxicación. Se suele usar diazepam (Valium), lorazepam (Ativan) y clordiazepóxido (Librium). Estos fármacos pertenecen a las llamadas *benzodiacepinas*, que mitigan la ansiedad, ayudan a dormir y previenen las convulsiones. También pueden utilizarse los llamados *antipsicóticos atípicos* para reducir la ansiedad y la depresión.

ELECCIONES

Lo primero que tendrán que elegir tu amiga y su familia es si recibe tratamiento hospitalario o ambulatorio. La elección depende de la gravedad de su estado, de lo que más convenga a la familia y quizá del precio, ya que estar ingresado en un hospital cuesta dinero y los seguros médicos no siempre lo cubren. Otra posibilidad es empezar el tratamiento con un ingreso hospitalario seguido de tratamiento ambulatorio a largo plazo.

Los centros de tratamiento residencial están muy estructurados y ofrecen servicios intensivos que incluyen tratamiento médico. En la llamada *comunidad terapéutica* los pacientes suelen quedarse durante un año. El personal y los demás pacientes intentarán influir en tu amiga de forma positiva mientras ella trata de cambiar los pensamientos y comportamientos que la condujeron a su problema con el alcohol. También existe el tratamiento residencial a corto plazo. Suele utilizarse para la desintoxicación y la terapia intensiva que precisa quien desee continuar con un tratamiento ambulatorio. Hay además viviendas temporales para aquellos que dejan el tratamiento hospitalario. Estas viviendas de recuperación ayudan al paciente a la transición entre el hospital y su vida de siempre y los pone en contacto con los recursos de su comunidad.

Sea hospitalario o ambulatorio, es fundamental que el programa sea el más adecuado para tu amiga. Cuando analice dónde recibir tratamiento, debe averiguar qué enfoque tiene el programa, si ese programa se ajusta a sus necesidades, qué se esperará de ella como paciente y cómo miden el éxito los que estén al cargo. Como tu amiga y su familia toman la decisión, es importante elegir un programa donde se sienta escuchada y respetada.

APRENDER A ENFRENTARSE

En la mayoría de los programas de tratamiento es corriente algún tipo de orientación conductual, ya que ayuda al afectado de TCA a adquirir las habilidades necesarias para dejar la bebida y enfrentarse con los disparadores que le empujan a beber. Un psicólogo, un psiquiatra o un terapeuta especializado en abuso de sustancias le ayudará a conseguir los objetivos del tratamiento y a construir un sistema de apoyo para protegerle durante este período.

Es importante asegurarse de que el programa del tratamiento se adapta al paciente. Para lograr el más adecuado, chequea qué actividades ofrece el programa para los pacientes.

Hay varios tratamientos conductuales hechos a medida para quienes sufren un TCA. En la terapia cognitiva conductual, que puede hacerse de persona a persona o en grupo, el objetivo consiste en identificar los sentimientos y las situaciones que provocan que el afectado beba mucho y pensar en nuevas formas de enfrentarse a ello sin el alcohol.

La terapia de estimulación motivacional (TEM) se aplica

Mientras se recupera de su problema de alcohol , tu amiga debe evitar las actividades donde la gente bebe. Ir a ver una película o practicar deportes son opciones mucho mejores.

a corto plazo y busca aumentar el deseo del paciente de sentirse mejor. Este y su terapeuta discutirán los pros y los contras del tratamiento y trazarán un plan para ayudarle a cambiar sus hábitos con la bebida. La TEM también pretende aumentar la confianza del afectado y desarrollar las habilidades con las que podrá obtener las metas establecidas.

Otra parte importante del tratamiento es la orientación familiar, que hace partícipes a los parientes cercanos en el proceso terapéutico. Sus objetivos son sacar a relucir los temas subyacentes que influyan en la adicción de tu amigo y fortalecer los lazos familiares. Con esto, la familia podrá apoyar a su ser querido mientras él se esfuerza por conseguir un estilo de vida sin alcohol.

Tanto los pacientes hospitalarios como los ambulatorios

disponen de medicamentos para combatir la adicción al alcohol (al contrario que con los utilizados durante la desintoxicación). El disulfiram (Antabus) provoca una «alergia» al alcohol, ya que si el paciente que lo toma bebe, tendrá síntomas como náuseas, cefalea o dolores de cabeza y palpitaciones. Según Robert Doyle y Joseph Nowinski, autores de *Almost Alcoholic*, el Antabus reduce la frecuencia con la que bebe un alcohólico en un 50%. La naltrexona no hace que uno se sienta mal, sino que anula las sensaciones agradables que obtiene al beber alcohol y reduce el ansia por tomarlo. El acamprosato (Campral) mitiga síntomas de la abstinencia, como la ansiedad, la agitación y la dificultad para conciliar el sueño o permanecer dormido. Todos estos medicamentos deben tomarse bajo estricta supervisión médica.

TRASTORNOS DE SALUD MENTAL

Cuando tu amiga o amigo empiece el tratamiento para su TCA, será estudiado para averiguar si tiene alguna enfermedad mental, o trastorno de salud mental, subyacente. Las enfermedades mentales provocan más síntomas que sentirse estresado o triste de tarde en tarde. Quienes las padecen tienen sentimientos muy fuertes que encuentran difícil controlar o experimentan una falta de sentimientos o de capacidad de expresarlos que les resulta preocupante. Pueden sufrir cambios de humor tan bruscos que hagan difícil estar con ellos, aunque no tengan una actitud desafiante. Son enfermos y necesitan un buen tratamiento. Entre las afecciones mentales más comunes de los adolescentes se encuentran la ansiedad, la depresión, la hiperactividad con déficit de atención y el trastorno bipolar. Este último provoca notorios cambios de humor entre la depresión y la manía, un estado en que

Si tu amigo sufre un trastorno mental además de su problema de alcohol, tendrá un equipo multidisciplinar para ayudarle.

uno se siente feliz y lleno de energía o extremadamente irritable.

Cuando el o la paciente padece una enfermedad mental y un TCA, se dice que tiene un *diagnóstico dual*. La relación entre las dos afecciones es complicada porque la enfermedad mental puede empujar a automedicarse con alcohol, y el TCA puede empeorar los síntomas de la enfermedad mental.

Si a tu amiga le dan un diagnóstico dual, necesitará tratarse ambas afecciones. Todos los miembros de su equipo de tratamiento deberán comunicarse entre sí para asegurarse de que reciba terapia focalizada. Es probable que un psiquiatra le prescriba medicamentos para su enfermedad mental. Estos deben ser controlados para vigilar interacciones con los fármacos que tome para el TCA.

STUDENTS AGAINST DESTRUCTIVE DECISIONS (SADD)

El objetivo de esta organización, según su sitio web, es «capacitar a los jóvenes para que se enfrenten con éxito al desafío de los riesgos y presiones cotidianos». Esta organización nacional aboga por la educación entre pares con profesores y terapeutas que aconsejen a grupos liderados por estudiantes. La finalidad de estos grupos es ayudar a los adolescentes a enfrentarse a diversos temas, como la seguridad vial, la salud y la seguridad personal y el consumo de alcohol y drogas. Una de sus formas de combatir el abuso de sustancias es celebrar las llamadas *fiestas reales* para padres e hijos. En una fiesta real, los estudiantes del grupo de SADD local interpretan lo que suele ocurrir en las fiestas caseras de un adolescente. Durante esta fiesta de ficción, los padres recorren una casa para ver las representaciones de los juegos con la bebida, las peleas, la violencia de pareja y la presión de los pares. En una fiesta real de Lima, Ohio, se ve que la madre del adolescente que organizaba la fiesta en su casa es llevada con esposas después de que uno de los participantes fuera golpeado y dejado inconsciente. Esto se hizo para informar a los padres de lo que puede ocurrir y para recalcar su responsabilidad moral y legal cuando se trata del consumo de alcohol en adolescentes. Como Kelly Pritchard, la estudiante consejera de SADD, dijo a un periodista del *Lima News*, «Quiero que los padres aprendan qué necesitan de ellos los adolescentes para que sean capaces de tomar las decisiones correctas».

EL CAMINO DE LA RECUPERACIÓN

Es corriente que los que están recuperándose de su alcoholismo acudan regularmente a las reuniones de AA. Según el doctor Steven Jaffe, un psiquiatra que habló de estos temas en una conferencia de 2012 para la American Society of Addiction Medicine, a los adolescentes les provoca una tremenda angustia ir a AA, por eso afirma que es preciso que se pongan bajo la tutela de algún miembro más adelantado lo que se llama un padrino.

También hay partes del programa que deben adaptarse a los adolescentes. Uno de los conceptos básicos de AA es que la gente no tiene poder sobre el alcohol, y a los adolescentes no les atrae

Sherwood High School de Sandy Spring, Maryland, recuerda a sus muertos como parte del programa *Every 15 Minutes*, que pretende acabar con las muertes producidas por conductores ebrios.

la idea de renunciar a su poder. En lugar de ello, el doctor Jaffe recomienda que se les diga que al estar sobrios lo aumentarán. Otro concepto de AA que resulta difícil para los adolescentes es el de la rendición, ya que muchos se han visto en posiciones vulnerables a causa de la bebida. «Yo les digo que estando limpios y sobrios, serán más fuertes y no volverán a enredarse en situaciones donde puedan ocurrirles cosas malas como esa», declara el doctor Jaffe.

Además de acompañar a tu amigo o amiga a una reunión de AA, puedes apoyarle sirviéndole de ejemplo, no solo revisando tu propia forma de beber, sino planeando actividades que no se desarrollen alrededor del alcohol. Sáltense esa fiesta y vayan al cine o hagan algo activo como correr o jugar al baloncesto. Anímale a encontrar una nueva afición o reconéctalo con amigos que no fueran aficionados a ir de fiesta. Ambos podrían incorporarse al grupo local de SADD o ayudar a fundar uno si no existe. Mientras das todos estos pasos para apoyar a tu amigo, no te olvides de atender tus propias necesidades. Mantener un poco las distancias para que su problema con el alcohol no te agobie no quita que seas un amigo fantástico. De este modo estarás a su lado de una forma saludable mientras él continúa por el camino de la recuperación.

GLOSARIO

ADICCIÓN Dependencia física y psicológica de una sustancia hasta el punto de que el afectado es incapaz de prescindir de ella pese a los efectos negativos que provoca en su salud y su bienestar.

AGRESIÓN SEXUAL Ataque que conlleva un contacto sexual sin el consentimiento de la víctima.

AUTOMEDICACIÓN Tomar medicamentos sin supervisión médica para mitigar estados difíciles como la ansiedad o la depresión.

CIRROSIS Enfermedad crónica en la cual las toxinas liberadas por la disociación del alcohol dañan las células del hígado.

COGNITIVO Lo que tiene relación con el pensamiento, el aprendizaje la comprensión y la memoria.

COMUNIDAD TERAPÉUTICA Programa de tratamiento hospitalario intensivo para quienes sufren trastornos por consumo de alcohol y otras sustancias.

CONSCIENCIA Estado en que se está despierto y se presta atención a lo que ocurre alrededor.

CONVULSIONES Movimientos repentinos e incontrolables del cuerpo causados por enfermedad o por ingesta de sustancias tóxicas.

CÓRTEX PREFRONTAL Parte del cerebro situada justo detrás de la frente. Controla el comportamiento social y la toma de decisiones.

CRÓNICA Enfermedad de larga duración o que sigue apareciendo.

DÉFICIT Carencia o escasez de algo necesario.

DESHIDRATACIÓN Pérdida de tal cantidad de líquido que el cuerpo enferma. Sus síntomas incluyen mareos, cefaleas y debilidad general.

EBRIO Afectado por el alcohol hasta el punto de perjudicar los procesos físicos y mentales.

ENDORFINAS Neurotransmisores que bloquean las señales dolorosas y provocan sensación de bienestar.

GENÉTICO Características transmitidas por herencia de una generación a otra.

INTERVENCIÓN Reunión durante la cual los amigos y familiares de un alcohólico le animan a buscar ayuda.

ORIENTACIÓN FAMILIAR Un tipo de orientación dirigido a fortalecer las relaciones entre los familiares mediante el aumento de la comunicación y la resolución de los conflictos.

PERCEPCIÓN DE LA PROFUNDIDAD Trabajo que los dos ojos realizan juntos para ver los objetos en tres dimensiones. La percepción de la profundidad ayuda a determinar tanto el tamaño del objeto como la distancia a la que está.

RECUPERACIÓN Proceso mediante el cual el adicto deja de beber alcohol a fin de obtener una vida más productiva y saludable.

SERVICIO COMUNITARIO Trabajo que realiza una persona o un grupo de personas para ayudar a una organización o comunidad. El servicio comunitario puede imponerse a un convicto en lugar de, o además de, la pena de cárcel.

SISTEMA NERVIOSO CENTRAL (SNC) Este sistema corporal consiste en una compleja red de tejido que controla el cuerpo y la mente. Incluye el cerebro y la médula ósea.

TRASTORNO DE HIPERACTIVIDAD CON DÉFICIT DE ATENCIÓN Trastorno mental que afecta a la capacidad de prestar atención y al procesamiento de información. Además, los pacientes tienen dificultades para mantenerse quietos y actúan de manera impulsiva.

PARA MÁS INFORMACIÓN

Al-Anon/Alateen Family Group Headquarters, Inc.
1600 Corporate Landing Parkway
Virginia Beach, VA 23454-5617
(888) 4AL-ANON
Sitio web: http://www.al-anon.alateen.org
Las reuniones de Al-Anon/Alateen proporcionan apoyo mutuo para amigos y familiares de personas que tienen problemas con el alcohol.

Alcohólicos Anónimos
AA World Services, Inc.
PO Box 459
Grand Central Station
New York, NY 10163
(212) 870-3400
Sitio web: http://www.aa.org
Esta organización ofrece apoyo y compañerismo a quienes se enfrentan a un trastorno por consumo de alcohol (TCA). Las reuniones de AA se celebran por todo el planeta.

Canadian Centre on Substance Abuse
75 Albert Street, Suite 500
Ottawa, ON K1P 5E7
Canadá
(613) 235-4048
Sitio web: http://www.ccsa.ca
Los objetivos de este centro son aumentar la concienciación sobre el abuso de sustancias, reducir el daño causado por el consumo de alcohol y abordar el problema del síndrome de alcoholismo fetal.

Center for Substance Abuse Treatment
Substance Abuse and Mental Health Services Administration (SAMHSA)
1 Choke Cherry Road
Rockville, MD 20857
(240) 276-1660
Sitio web: http://www.samhsa.gov/about/csat.aspx
Los recursos de SAMHSA incluyen un teléfono nacional de 24 horas [(800) 662-HELP (4357)] para ayudar a quienes necesiten servicios para su problema con el alcohol o su trastorno mental.

Centre for Addiction and Mental Health
33 Russell Street
Toronto, ON M5S 2S1
Canadá
(800) 463-6273
Sitio web: http://www.camh.net
El objetivo de este centro es proporcionar educación y tratamiento para quienes padecen adicciones y trastornos mentales.

Health Canada
Address Locator 0900C2
Ottawa, ON K1A 0K9
Canadá
(866-225-0709)
Sitio web: http://www.hc-sc.gc.ca
Health Canada publica información para prevenir los problemas que conlleva el uso de sustancias, las toxicomanías, en la adolescencia, el modo más adecuado de hablar con los adolescentes sobre las drogas y los mejores tratamientos para quienes lidian con una adicción, entre otros temas.

Mothers Against Drunk Driving (MADD)
National Office
511 East John Freeway
Suite 700
Irving, TX 75062
(877) ASK-MADD
Sitio web: http://www.madd.org
Mothers Against Drunk Driving se dedica a erradicar la conducción bajo los efectos del alcohol, ayudar a los afectados por este delito y prevenir el consumo de alcohol en menores.

Students Against Destructive Decisions (SADD)
255 Main Street
Marlborough, MA 01752
(877) SADD-INC
Sitio web: http://www.sadd.org
Esta asociación anima a los adolescentes a abordar temas como el abuso de sustancias, la seguridad vial, el acoso escolar y la violencia entre jóvenes.

SITIOS WEB

Debido a la naturaleza cambiante de los *links* de internet, la editorial Rosen ha desarrollado una lista en línea de los sitios web relacionados con el tema de este libro. Dicho sitio se actualiza con regularidad. Usa este *link* para acceder a la lista:

http://www.rosenlinks.com/HCIH/alcohol

PARA LEER MÁS

Ambrose, Marylou. *Investigate Alcohol* (Investigate Drugs). New York, NY: Enslow Publishing, 2014.

Bjonlund, Lydia. *Alcohol* (21st Century Skills Library: Health at Risk). North Mankato, MN: Cherry Lake Publishing, 2008.

Brezina, Carona. *Alcohol and Drug Offenses: Your Legal Rights* (Know Your Rights). New York, NY: Rosen Publishing, 2015.

Brezina, Corona. *I've Gotten a DWI/DUI. Now What?* (Teen Life 411). New York, NY: Rosen Publishing, 2016.

Espejo, Roman. *Alcohol* (Teen Rights and Freedoms). Farmington Hills, MI: Greenhaven Press, 2012.

Henneberg, Susan. *Defeating Addiction and Alcoholism* (Effective Survival Strategies). NY: Rosen Publishing, 2016.

Levete, Sarah. *The Hidden Story of Alcoholism* (Undercover Story). New York, NY: Rosen Publishing, 2014.

Lily, Henrietta M., and Daniel E. Harmon. *Frequently Asked Questions About Alcohol Abuse and Binge Drinking* (FAQ: Teen Life). New York, NY: Rosen Publishing, 2012.

Mendralla, Valerie, and Janet Grosshandler. *Drinking and Driving. Now What?* (Teen Life 411). New York, NY: Rosen Publishing, 2012.

Meyer, Terry Teague. I *Have an Alcoholic Parent. Now What?* (Teen Life 411). New York, NY: Rosen Publishing, 2015.

Mooney, Al J., Howard Eisenberg, and Catherine Dold. *The Recovery Book: Answers to All Your Questions About Addiction and Alcoholism and Finding Health and Happiness in Sobriety*. New York, NY: Workman Publishing, 2014.

Radev, Anna, ed. *I've Got This Friend Who... Advice for Teens and Their Friends on Alcohol, Drugs, Eating Disorders, Risky Behavior, and More*. Center City, MN: Hazelden, 2012.

Rogers, Kara, ed. *Substance Use and Abuse* (Health and

Disease in Society). New York, NY: Britannica Educational Publishing, 2011.

Saltzman, Amy. *A Still Quiet Place for Teens: A Mindfulness Workbook to Ease Stress and Difficult Emotions* (An Instant Help Book for Teens). Oakland, CA: New Harbinger Publications, 2016.

Sheff, David. *Beautiful Boy: A Father's Journey Through His Son's Addiction.* New York, NY: Houghton Mifflin Company, 2008.

Sheff, Nic. *We All Fall Down: Living with Addiction.* New York, NY: Little Brown, 2012.

Skeen, Michelle, Matthew McKay, Patrick Fanning, and Kelly Skeen. *Communication Skills for Teens: How to Listen, Express, and Connect for Success* (The Instant Help Solutions Series). Oakland, CA: New Harbinger Publications, 2016.

Snyder, Gail. *Teens and Alcohol* (Gallup Youth Survey: Major Issues and Trends). Broomall, PA: Mason Crest Publishers, 2013.

Thayne, Tim. *Not By Chance: How Parents Boost Their Teen's Success In and After Treatment.* Charleston, SC: Advantage Media Group, 2013.

Van Dijk, Sheri. *Relationship Skills 101 for Teens: Your Guide to Dealing with Daily Drama, Stress, and Difficult Emotions using DBT* (The Instant Help Solutions Series). Oakland, CA: New Harbinger Publications, 2015.

Williams, Rebecca E., and Julie S. Kraft. *The Mindfulness Workbook for Addiction: A Guide to Coping with the Grief, Stress, and Anger that Trigger Addictive Behaviors.* Oakland, CA: New Harbinger Publications, 2012.

BIBLIOGRAFÍA

Bellenir, Karen, ed. *Alcohol Information for Teens*. 3rd ed. Detroit, MI: Omnigraphics, 2013.

Centers for Disease Control and Prevention. "Fact Sheet: Caffeine and Alcohol." Retrieved February 10, 2010 (http://www.cdc.gov/alcohol/fact-sheets/caffeine-and-alcohol.htm).

Currie-McGhee, Leanne K. *Teenage Alcoholism* (Compact Research). San Diego, CA: ReferencePoint Press, 2012.

Doyle, Robert, and Joseph Nowinski. *Almost Alcoholic: Is My (or My Loved One's) Drinking a Problem*. Center City, MN: Hazelden, 2012.

Mothers Against Drunk Driving (MADD). "Campaign to Eliminate Drunk Driving." Retrieved February 27, 2016 (http://www.madd.org/drunk-driving/campaign/).

Mothers Against Drunk Driving (MADD). *Teen Handbook*. Retrieved February 27, 2016 (http://www.madd.org/underage-drinking/power-of-youth/get-the-power-of-youth-teen.html).

National Alliance on Mental Illness. "Fact Sheet: Dual Diagnosis." Retrieved February 20, 2016 (http://www.nami.org/Learn-More/Mental-Health-Conditions/Related-Conditions/Dual-Diagnosis).

The National Center on Addiction and Substance Abuse at Columbia University. *The Importance of Family Dinners VIII*. September 2012 (http://www.centeronaddiction.org/addiction-research/reports/importance-of-family-dinners-2012).

The National Center on Addiction and Substance Abuse at Columbia University. *National Survey of American Attitudes on Substance Abuse XVII: Teens*. August 2012. (http://www.centeronaddiction.org/addiction-research/reports/national-survey-american-attitudes-substance-abuse-teens-2012)

National Institute on Alcohol Abuse and Alcoholism. "Fact

Sheet: College Drinking." Retrieved February 25, 2016 (http://niaaa.nih.gov/alcohol-health/special-populations-co-occurring-disorders/college-drinking).

National Institute on Alcohol Abuse and Alcoholism. "Fact Sheet: Underage Drinking." Retrieved February 10, 2016 (http://niaaa.nih.gov/alcohol-health/special-populations-co-occurring-disorders/underage-drinking).

National Institute on Alcohol Abuse and Alcoholism. *Rethinking Drinking*. December 2015 (http://rethinkingdrinking.niaaa.nih.gov).

National Institute on Alcohol Abuse and Alcoholism. *Treatment for Alcohol Problems: Finding and Getting Help*. Retrieved March 4, 2016 (http://pubs.niaaa.nih.gov/publications/treatment/treatment.htm).

National Institute on Drug Abuse. *Treatment Approaches for Drug Addiction*. January 2016 (https://www.drugabuse.gov/publications/drugfacts/treatment-approaches-drug-addiction).

Partnership for Drug-Free Kids. *What to Do if Your Child Is Drinking or Using Drugs*. Retrieved February 15, 2016 (http://www.drugfree.org/resources/intervention-e-book-what-to-do-if-your-child-is-drinking-or-using-drugs/).

Science Daily. "Teens Who Drink Alone More Likely to Develop Alcohol Problems as Young Adults." November 18, 2013 (https://www.sciencedaily.com/releases/2013/11/131118103937.htm).

Sheff, David. *Clean: Overcoming Addiction and Ending America's Greatest Tragedy*. NY: Houghton Mifflin Harcourt, 2013.

Sowinski, Greg. "SADD Students Educate Parents on Dangers of Parties, Alcohol." Lima News, February 15, 2016 (http://limaohio.com/news/166511/sadd-students-educate-parents-on-dangers-of-parties-alcohol).

Stewart, Gail B. *Teens and Drinking* (Teen Choices). San Diego,

CA: ReferencePoint Press, 2016.

Substance Abuse and Mental Health Services Administration. *Behavioral Health Trends in the United States: Results from the 2014 Survey on Drug Use and Health*. September 2015 (http://www.samhsa.gov).

Trudeau, Michelle. "Teen Drinking May Cause Irreversible Brain Damage." National Public Radio's Morning Edition, January 25, 2010 (http://www.npr.org/templates/story/story.php?storyId=122765890).

Vimont, Celia. "Adapting 12-Step Programs for Teenagers." Partnership for Drug-Free Kids. 2012 (http://www.drugfree.org/join-together/adapting-12-step-programs-for-teenagers/).

ÍNDICE

SOBRE LA AUTORA

Jennifer Landau ha recibido un máster en Escritura Creativa por la Universidad de Nueva York y una maestría de Estudios en Educación General y Especial de la Universidad de Fordham. Es una editora experimentada y ha escrito varios títulos para jóvenes, entre los que se encuentran How to Beat Psychological Bullying, Dealing with Bullies, Cliques, and Social Stress y Bipolar Disorder. Cuando no escribe le gusta leer todo tipo de géneros y salir con su hijo.

CRÉDITOS FOTOGRÁFICOS:

Cover © iStockphoto.com/Katarzyna Bialasiewicz; p. 5 Peter Dazeley/Photographer's Choice/Getty Images; p. 10 Image Source/Getty Images; p. 11 Jim Varney/Science Source; p. 14 Pascal Goetgheluck/Science Source; p. 17 Science Picture Co./Collection Mix Subjects/Getty Images; p. 20 Cultura RM Exclusive/Seb Oliver/Getty Images; p. 24 Photofusion/Universal Images Group/Getty Images; p. 26 sturti/E+/Getty Images; p. 27 PYMCA/Universal Images Group/Getty Images; p. 31 Huy Lam/First Light/Getty Images; p. 33 Bruce Ayres/The Image Bank/Getty Images; p. 35 Hill Street Studios/Gary Kious/ Blend Images/Getty Images; pp. 36–37 Altrendo images/Getty Images; p. 42 ERproductions Ltd/Blend Images/Getty Images; p. 45 Guang Niu/Photolibrary/Getty Images; p. 46 Peter Cade/ Iconica/Getty Images; p. 48 Thomas Barwick/Stone/Getty Images; p. 50 The Washington Post/Getty Images; cover and interior pages background images © iStockphoto.com/chaluk.

Diseñadora: Brian Garvey; Editora jefe: Kathy Kuhtz Campbell